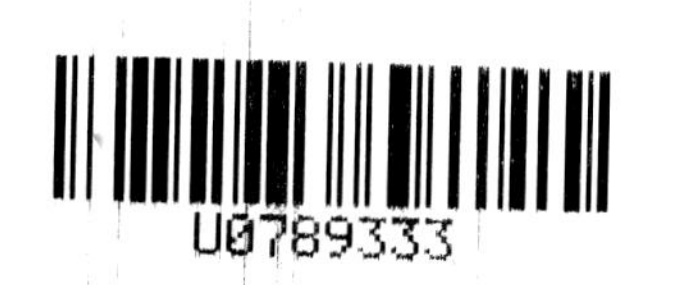

傳

王雲芝先生傳

明平輿張鶴鳴撰

公諱勑字嘉訏登第後
御筆更字懋倫別號雲芝後易爲竹泉歷下人也成化甲辰賜進士一甲三人公少有仙骨穎邁絶人讀書華不注東臥牛山寺嘗與友人趙璧晩眺見山坡火光疑爲夜燐公不言但夜分持石誌火積石成壘一夜潛發之二尺許得石匣函書二冊脫衣裹回每中夜沐浴焚香虔祝展讀一年後能知未來休咎御風出神曾語人曰地如篩子眼地下珍異幽奇皆可見人半疑信之弗測也時與一僧侶相携山頭採杞菜僧持菜先公下比扣門公爲開扃僧訝公笑之曰我從裏間道來和尚自不知耳公蜀梁兩司學憲一日集諸生講學衆俱見白雲一片起公即遣騎戒疾驅數里雲落處即掘之果得白石如雪命煑之細切如腐徧食諸生並美非人世味公曰此雲母也此事未知在蜀與梁今亦不可據云大梁試士鎖院深密廡皆滿每處輙有

一公危坐終日諸士出相語各以爲近公危坐處
喘喘弗寧也已知其爲異相語神怪之在輝縣山
坡忽下輿拜曰老先生在此掘之得大石玲瓏蒼
翠不類人間石置之百泉上今浸入豪家又在道
傍古垣間得紫石硯二池各有鴛鴦一隻雄雌相
向余聞公孫國子生畿云少猶見此硯後不知所
在公以南國子祭酒家居前採杞僧疾將逝矣公
問曰貴富何願僧曰兼之公曰惜也功行未滿且
着蜀府爲二字王因批其背是日蜀王産第二子

背字隱隱王摩之應手沒尹太宰旻寢疾詢其大
期公曰有大鶴入幕飛旋已颺去公之神也至太
宰逝時果有鶴來公預前三日遍辭親故云其日
午時卮至日櫛沐飲飯如常其妻謂子輩曰汝老
子言午時死不死何顏面見人至午換道服安簀
臥親友環視之公揮手謝遂瞑是日有鄉人道逢
騶從衛公公從輿中遙囑曰某也吾被召去煩寄
吾子書藏某處可開視能讀讀不能讀棄勿留也
鄉人歸語子取書視之皆空紙遂焚之柩前公門

呼其子曰吾有別藏則白金錢窖各數處曰此所積遺爾者乎種樹記之旣化其子伐樹索之無有也盖示子孫此幻物不足珎使安義命耳公曾與王陽明夜登佛山見帝星輝耀陽明曰此在江右公曰勿㥘自在江漢陽明深服之盖東方曼倩李鄴侯之流也公事業不可考其傳流於故老者槩如此余嘗見潘雪松著公行略此來歷下縉紳里巷聀聀談公雖微有異同要皆異跡也一自公曾孫棒公畫像來謁於庭余旣慕公生平又喜披覩

其像因據雪松成言損益于父老之口掇拾爲傳書公像後付其孫俾無佚遺云

義娥傳

汝陰張鶴鳴撰

義娥名桂香義者觀風者奇其死以意諡之也盖郡諸生吳愛衆養女云娥生流傭比歲凶其父始鬻子錢家子錢家亦坐不登困轉售愛衆再鬻而甫十齡姚靜不嬉愛衆家直婢之弗奇也先是愛衆母盧有姪三才曠蕩于家替無依依姑糊口姑彫血屬而愛衆乃直僕御之無中表情頗指略忤

輙展足瞋詈曰奴奴侵牟我飦奴胡爲亦嘗加搒
掠亥有戒之曰若蜂目者君不遇若德若不殺垢
箒恐子客出兩柱間愛衆剛愎弗省也一日愛衆
與表李對案餔食三才負市米入愛衆嫌之曰揖
好錄錢爲擇白粲米如此爲蒐真矣三才遽掣腰
間匕首數之曰併死可在今日刺之不中愛衆逃
磨旋娥大呌以梃以梃梃縈磨索中以左右肩翼
愛衆素病瘵不能支娥一髻女三才以積櫝横氣
如出匣之虎竟砉然中飲刀飛血妻李累息犇踰
西壞垣賊舍愛衆逐李愛衆尚殭起護李撞壁僵
掌血印壁痕殷數日李扃隣媪門隣媪祈賊曰我
無讐君頑君舍我賊舍之復向壁間僵愛衆數斫
之死娥持賊裾大呼邏者曰奴殺人奴殺人賊斫
其頭骨併腦血交淋淋下娥持裾如故賊惶急維
捜至衢娥呼擒賊不休賊愈狠斷其指乃去娥竟
死衢中大驚一市人邏者糾衆兵尾之至灤源里
東將入門守城者擊以殳匕首墜遂擒之愛衆有
强女另女奴抱之亦甫八歲難促不能避屣出戸

下敗嘗未之見命也而李氏妻者已別嫌爲他人新婦矣

張鶴鳴曰語曰父母之愛愛之又曰怨毒之於人甚矣哉三才雖貧依於衆彼固以爲油然兄弟也姑侄之情路人知之衆之凌厲奴辱不祥人矣明者猶憤況恐血氣者乎弁髦女子瞪目一叱驚啼辟易娥翼主持賊腦淋不舍予深取其不懾天性勇也緹縈之智出之緩娥之勇出之急獨妻李者恐忘壁掌血跡如新且親見娥之慷慨忠而靦然他室彼摩笄青陵夫非人女子哉

卞和傳

邑人劉敕撰

卞和襄陽南漳人少食貧一日樵於荆山見木旁枝下垂一美女縞衣踞石而歌章黄閣之未數歩不見和駭然曰聞玉之精名曰委然美女踞石得非玉乎遂抱以歸置廡下入夜光怪大發氣如白虹直貫斗柄間鄰父大怖往詢其故和曰璞也吾將獻楚王鄰父曰棄之楚王好刖刑且楚無人倘詆爲石先生之足無全矣和不聽乃抱璞往遇二

容於襄水之陽一周人亦獻璞一宋人獻燕石同抵方城見武王王使玉人相之相周璞不知其爲鼠也曰玉未理者相燕石亦誤認爲玉王齋七日端冕玄服以納之華篋十重緹巾十襲藏之甚密比相和璞曰石耳謝不取和嘸嘸弗平曰吾有砥厄宋有結綠梁有懸黎爲天下名器楚得吾璞其足以厚國家乎今進似者退真者取非者去是者柰何今此皮相者誤國耶王使人熟相之玉人愈忌讒於王曰臣閱玉多矣大都赤如雞冠黃如蒸

栗白如截肪黑如純漆卞和何物么麿而敢以石欺大王王怒刖其左足和抱璞以歸鑿一石室曰夜與璞俱之曰頗與物相殉耳自名其居曰抱玉巖厥後成王立扶節如楚楚人笑之曰玉變爲石珠變爲礫毀使然耳先生欲兩足俱亡耶和曰璞旣受兗足焉用之且玉有九德溫潤而澤仁也縝密以理智也廉而不劌義也瑩而不垢潔也折而不撓勇也瑕瑜不相掩忠也孚尹旁達信也茂華光澤並通而不相凌容也叩之其聲清以長其終

紬然樂也今九德隱而弗耀吾所媿於玉多矣復獻之相玉者復以欺進王刖其右足和曰足去而璞存仍歸俟之廹文王立欲獻之弗前矣乃抱璞泣淚盡繼以血文王使使問之曰刖者多矣何子哭之痛耶和曰非泣吾足泣吾玉也藉使者以獻之王王蒐善相玉者得周客使客相之客矍然曰美哉玉也可爲受命者符乃剖之果玉晶光錯落王悅而重之名爲和璧與砥厄結綠懸黎並寶於天下俾相周璞客曰此鼠未腊者剖之乃鼠相燕石掩口胡盧而笑曰瓦礫耳則王怒呼前相玉者曰爾欺耶卞和欺耶欲取尚方劍誅之相玉者稽首匍匐不敢仰視曰臣何敢欺大王第臣目盲耳王殺二客遣前相玉者相玉者媿自殺於荆山之下和之足化爲雙鳧食其目王封和爲陸陽和不受曰足屈而玉伸矣吾死且無恨作退怨之歌曰玉在璞兮閔爍其光不剖而璞兮於玉何傷玉爲光而剖兮足爲獻而亡吁嗟歸休乎却痛世之多盲歌畢遂拂衣去秦皇帝得之爲璽後子嬰獻之

帝使其子九男二女百官牛羊倉廩備以事舜於畎畝之中天下之士多就之者帝將胥天下而遷之焉為不順於父母如窮人無所歸天下之士悅之人之所欲也而不足以解憂好色人之所欲妻帝之二女而不足以解憂富人之所欲富有天下而不足以解憂貴人之所欲貴為天子而不足以解憂人悅之好色富貴無足以解憂者惟順於父母可以解憂人少則慕父母知好色則慕少艾有妻子則慕妻子仕則慕君不得於君則熱中大孝終身慕父母五十而慕者予於大舜見之矣

萬章問曰詩云娶妻如之何必告父母信斯言也宜莫如舜舜之不告而娶何也孟子曰告則不得娶男女居室人之大倫也如告則廢人之大倫以懟父母是以不告也萬章曰舜之不告而娶則吾既得聞命矣帝之妻舜而不告何也曰帝亦知告焉則不得妻也萬章曰父母使舜完廩捐階瞽瞍焚廩使浚井出從而揜之象曰謨蓋都君咸我績牛羊父母倉廩父母干戈朕琴朕弤朕二嫂使治朕棲象往入舜宮舜在床琴象曰鬱陶思君爾忸怩舜曰惟茲臣庶汝其于予治不識舜不知象之將殺己與曰奚而不知也象憂亦憂象喜亦喜

漢高王莽篡使王舜索璽太后以璽投地去其龍頭一角夫和卞足璽亡角皆造物之䂬全云讚曰周諺有之匹夫無罪懷璧其罪使和氏無璧胡以賈害乎顧懷璧必獻之君忠也三獻不改其節貞也忠且貞謂和氏之足至今在可矣獨怪忠臣被僇貞士弗收世之爲和氏者多也悲夫

墨藪

卷十八

八

贊

宋真宗御製孔子贊

立言不朽垂教無疆昭然令德偉哉素王人倫之表帝道之綱厥功實茂其用允臧升中既畢盛典載揚洪名有赫懿範爾章

至聖贊　明巡撫胡纘宗撰

一以貫之金聲玉振是謂大成賢於堯舜教在六經道該群聖生民以來未有獨聖

伏羲贊　明巡撫陳鳳梧撰

於維神聖繼天立極仰觀俯察卦爻斯畫始造書契以代結繩開物成務萬古文明

神農贊

聖皇繼作與天合德始嘗百草以濟夭札農有耒耜市有交易澤被生民功垂無極

黃帝贊

帝德通變神化宜民垂裳而治上乾下坤井野分州迎日推莢百度惟熙萬世作則

帝堯贊

天生元聖道隆德備制禮作樂經天緯地上承文武下啓孔顏功在萬世位參兩間

孔子贊

道冠古今德配天地刪述六經垂憲萬世統承羲皇源啓洙泗報德報功百王崇祀

顏子贊

天稟純粹一元之春精金美玉和風慶雲博文約禮超入聖門百王治法萬世歸仁

曾子贊

守約而博學恕以忠聖門之傳獨得其宗一貫之旨三省之功格致誠正萬世所崇

子思贊

精一之傳誠明之學聖門嫡派斯道有托發育洋洋鳶飛魚躍慎獨之訓示我先覺

孟子贊

哲人既萎亞聖斯作距詖闢邪正論諤諤堯舜之性仁義之學烈日秋霜泰山喬嶽

七忠公贊　明學憲周應治撰

欽明揖遜德協萬邦巍乎成功煥乎文章天地之文日月之光允執厥中道冠百王

帝舜賛

重華協帝授受於唐惟精惟一濬哲文明兩階干羽九韶鳳凰恭已南面萬世綱常

禹王賛

文命四敷三聖一心有典有則克儉克勤成功不伐善言則拜九州攸同萬世永賴

湯王賛

勇智天錫聖敬日躋建中于民萬邦惟懷顧諟明命肇修人紀垂裕後昆道統斯啓

文王賛

文德之純於穆不已肅肅雍雍緝熙敬止後天八卦昭如日星大哉　繫式開太平

武王賛

丕顯文謨丕承武烈偃武脩文天下大悅丹書之受洪範之咨百王遺緒一代丕基

周公賛

七忠公者我
成祖文皇帝靖難時山東死事諸臣也應治視學東
省以校士之餘瞻拜祠下黯然有慨於乘因爲之
賛云

鐵鉉

維物堅剛孰有逾鐵公以系姓豈天植耶見事風
生讞疑電决見罷
高廟才節昭揭薇垣餉師水陸不㦲城守東藩旣破
復餙懸板幾中淮陽逐北中原寒心北平失色詎

知天授大內自焚豈不戴天心戀舊君顧眄難得
妻子奚論雖膏鼎鑊忠稱帝閽舊國有慽故園無
家女亦貞義有識共嗟雄才揮霍勁節孔嘉磨光
日星撐持岱華

陳迪

有殁而光有生而缺蘭爇芳存玉碎晶裂猗歟少
保骯髒不群起家碎召通籍詞林惠流海岱威著
南滇文昌八座眷亦殊焉受知國士爲殷頑民一
醮靡攺九死不臣身同子磔名共日赫氣壯山河

血化萇碧兩水明鏡雙橋落虹有祠峩然瞻肅高風娓彼奸諛覥顔二天曉陵猶生玉潔蘭荃

胡子昭

靖難入繼自其家事事匪瞻烏何謂就義原本皇祖旌忠堅幟三十年間雷厲飈卒公性耿介希古同流獻賦蜀都校史天球麾招莫動淮南寢謀豈有他腸各為分憂大物既改有力負舟株連縋引死又何求上酬國恩下謝從遊蜀有專祠齊有遺休丹心皓月萬古清秋

丁志方

泉不歸山雨不上天氷霜隨化金石謝堅丈夫正氣獨往無前栗烈堅剛有折靡遷公起甲科委質華朝風高烏府聲著吳橋同時黄練共劾賈鼎刻核太至烽燧是挑北平日張境土日蹙一木莫支鄉師而哭豈不能去鼠竄是恧豈不能臣鴟張其腹潛遺妻子獨以身留我頭可截我白自遺節使惠文氣結蠹襖仁必有後天不謬悠勇足報主智能四嗣將彼鴟夷託後齊使麗複為丁忠且蒙謚

赫赫御史知勇且備

高　巍

惟辨襄節惟孝移忠遼州純孝艾母何豊錄用先
朝建白摩空分王諸王晁策賈褁書請罷兵射燕
遺風從戎南潰覊旅於東墨守濟南與鐵同功寧
不如烏胡集于枯臣哉𠌫哉艱難是扶豈如弁髦
敝因攻圖訴彼管魏自廿湆塗水心一賦慷慨丈
夫高山可仰青簡不汚

鄭　華

有蜮景隆殊寵專征金川失守賣主逢迎亦狡童
倰鎮江專城一矢未遺首豎降旗行人散地判官
下陳東平未蒞漼然經生驅車難就天爲震驚力
疾戰死力攫瓔瑛螳怒胡盐犬吠見貞彼李童子
人而强行孤忠論定
仁廟有評誰曰傷勇振古之英

王　省

秩不必崇祿豈在膴恤偉憂深懷沙心苦秉鐸雖
微風教是主祿焉避難罷士疇伍齊責之死難端

自刎其他族夷皆由掣肘非公生亂何嫌何咎升斗君粟抱關君守明倫大呼觸柱碎首烈晙文山清徹濟瀏秪成箇是追恤死所汨羅首陽同此遐舉

邑人劉勑論曰歷有七忠祠皆成祖戮辱之臣余觀鐵司馬執死不囘有文天祥之忠陳宗伯與二子同戮罵不絕口郎龍比何加胡司寇不屈而死有兩間正氣高參軍協守濟南三月不下厥功亦偉王子吉為游軍所獲觸柱而死何烈也平安肥河之戰似忠後受其官宜其黜祀也後以丁御史入之鄭華無甚奇迹與鐵陳諸君同坐而受血食不無少遜

箴

上　邑人劉勅撰

崇禎皇帝八箴

初政箴

臣聞新服厥命惟新厥德蓋初政乃天人去就之關也則與治與亂正在於此今
皇上御極其初政之規恢固無不臧矣臣愚過計則猶謂善利特判於一間聖狂止分於片念始路一差恐末路之難圖東隅一失縱西隅之莫補則今日之舉動正太史之執筆而書四海之扶笻而望者也臣固以爲初政之當謹也因獻之箴箴曰明明我后其命維新謹終於始作法於勤丕揚前烈垂裕後昆尊則天子德則聖人億千萬載爲天下
君

起居箴

臣聞一人有慶兆民賴之則人君一身神人所倚庇之身也非身其康彊何以勝萬幾之繁而肩九有之重乎今

皇上御極固萬壽無疆如旭日之方升矣臣愚過計則猶謂聲色常汨其真性喜怒易滑其天和非百度惟貞難必耳目之不役假天君無主不免情慾之交投則接臣庶而遠宮闈此今日之最亟者也臣固以爲起居之當愼也因獻之箴箴曰天生大君神民之主萬壽千齡曰惟寡慾不邇聲色不殖貨利斂時五福敷錫臣庶富壽康寧永綏厥位

名器箴

臣聞惟辟作福惟辟作威則名器固磨世礪鈍之

具也昔繁纓馬飾孔子惜之正謂此耳今

皇上御極固有知人之鑑無曠位之官矣臣愚過計則猶謂爵賞宜共於公朝衣裳當嚴於在笥假錫予一濫則倖進之實必開名器稍輕則勵世之權不重何以鼓舞賢豪而俾之嚮用乎臣固以爲名器之當惜也因獻之箴箴曰天命有德車服以庸通綸顯號懋德酬功官事惟賢位事惟能量材而官裂地而封珍之重之以勵世風

任相箴

臣聞股肱惟人良臣惟聖則相臣固天子之股肱執斗柄而調元化者也虞庭賡喜起之歌正以此耳今

皇上御極固一時際明良之盛成魚水之歡矣臣愚過計則猶謂蔽扆恒藉於啓沃冠履常隔於堂簾召對不勤何以施補天浴日之手信任不篤無以効調元賛化之忠則綸扉之下豈徒虚設也哉臣固以為相臣之常任也固獻之箴箴曰聖君賢相相得益彰明明在上穆穆在旁元臣賛化天子垂

裳君臣魚水交歡一堂賡歌喜起千載明良

從諫箴

臣聞木從繩則正后從諫則聖蓋諫固所以通上下之脉而弼君德於成者也故謨明弼諧虞庭重之今

皇上御極固擴翕受之量開納諫之門矣臣愚過計則猶謂幽獨可以自靖孤忠未必人知人主虚懷則争為朝陽之鳳君心中拒則託於抱樹之蟬謂何使止輦之風專美於漢文也臣固以為諫言之

當從也因獻之箴箴曰稽古盛世君聖臣直讜論回天忠言轉日上殿相争下殿和氣君若轉環臣忘顧忌天德日純王道乃粹

求賢箴

臣聞任官惟賢才左右惟其人蓋賢人負經世之才而高不仕之節者也故側席而求猶慮有遺焉

今

皇上御極固英賢濟濟有振鷺盈庭之盛矣臣愚過計則猶謂燕石混於荊玉魚目亂於明珠名實一

睽則賢奸之路不淸遴選弗嚴則邪正之途並進何以收賢人之用而登國家於至治哉臣固以為賢人之當求也因獻之箴箴曰天生賢才為國楨幹釣渭浣溪乘時而見文飾太平武戡禍亂白駒興歌明珠致嘆蚤賁[redacted]旌以登俊彦

節用箴

臣聞咸則三壤成賦中邦則惟正之供自足佐一人之用者也第江河不實漏巵當求所以節之耳

今

皇上御極固將罷得巳之役而休天下之兵矣臣愚過計則猶謂損下不若節上鬻官無如省官况下捐助於上者一而取償於民者百官輸貲於君者百而糜禄於國者千得不勝失也臣固以為用之當節也因獻之箴箴曰明王在上藏富於民民富君富民貧君貧愼乃儉德節用愛人粟紅貫朽陳陳相因有德有土萬代明君

省刑箴

臣聞欽哉欽哉惟刑之恤哉則刑乃天假人君一

日之用而非徒飾喜怒之具也故下車解網古帝王惻惻然於斯焉今

皇上御極固有如天之仁好生之德矣臣愚過計則猶謂覆盆或有遺寃幽狴常希末照海外之俘似不必污長安之市巳斃之人或可了未結之局且罰有烈於刑者亦不可不為之恤也因獻之箴箴曰天討有罪五刑五用大君之權小民之命出罪入罪毋枉毋縱得情勿喜惟良是聽欲成三德奈何不欽

上大寶箴

奏爲處不忘君忠能思誨恭進箴言用弼長治事竊惟臣之事君猶子之事親也不以子之事親者事君不敬其君者也何也朝夕納誨以輔君德者嫡子也服勞王事奔走中外者庶子也削籍退處負戈投荒者孽子也若區區微臣者頫陽一謫十年自廢

皇上之魔子矣臣魔於山林則雨笠雲簑而外無求也臣魔于秇圃則筆床茶竈而外無求也臣今魔於忠孝矣明發激爲篤棐義若絶而脉猶相關鞠躬根於瞻依心欲舍而情不能割故千金助餉裁水也二經進御丼旨也八箴塵覽藥石也雖臣之知識不出一室之内敢爲不越一身之外而惓惓諄諄不辟僇辱魔孰大焉假使天下皆魔也舉世無不忠不孝之人矣柰獻非其世遇非其人卒成齊門之瑟然而魔心猶未已也昔唐臣張藴古當太宗御極之初著大寶箴以致規畫臣才謝藴古而憂盛危明之念不敢後於前人剏

皇上之虛懷納諫超太宗而過之因借著一箴差家

僮伏

闕以麒麟塘鼓吹極知無當於咸池夔下焦桐亦或

可登於清廟惟

皇上發慈父母之心憐而納之曰何物小吏而魔於

忠孝如此也置一通於座右以當几杖之銘臣雖

病臥江干不勝懽忭之至

大寶箴

人君之位名曰大寶何以居之曰惟有道其道維

何平康正直無黨無偏惟

皇作極念茲大寶受命于天無疆惟休亦大惟艱念

茲大寶創業于

祖率惟敉功有梢疆土念茲大寶臨蒞衆庶撫后摩

讐朽索難馭外有四夷驁鷙其性順則款關逆則

蠢動澤有苻萑揭竿四起蟻聚蜂屯動窺神器郡

有戎馬如雨如雲費盡金錢莫奪其心內有百工

布列庶位濟濟濟濟朝誰爲盡瘁外有牧圉民命寄

之誰爲撫字保我掀歲子然一人負扆民上蔽目

者蔬塞耳者纊四門不闢胡來仁賢四聰不達胡
悉民艱所藉惟人廣求俊彥同德同心弼猷共念
三公論道六卿分職懽然一堂賡歌喜起君逹臣
弼交修不逮賞罰中出嚬笑自愛德與衆爵罪與
衆棄不以惡德罔及私昵遜志時敏始終典學道
積厥躬德修罔覺愼厥身修淸心寡慾不邇聲色
不殖貨利轉環比輦納諫如流麴蘖鹽梅一德作
求聘彼碩人高隱空谷蚤下弓旌用賁道路哀此

下民祁寒暑雨欲無怨咨思艱圖易嗟彼征人塗
地肝腦血化青燐骨掩白草惟藉明王恩及草木
一念慈祥普天雨露克除四凶用彰九德都俞吁
咈宛若魚水淸問下民胥肝匪勞吏治民瘼析入
秋毫乾維以振四維用張明明穆穆灼于四方天
命用休一人有慶聿修厥德永言配命保邦未危
制治未亂衣袽履霜防微杜漸書凜春冰詩嚴桑
土無怠無荒誰敢其侮賈生慟俗杞人憂天野臣
獻箴用保萬年

詩　　　　　　　　　　　　　　　　邑人劉勅撰

龍洞山

靈虛宮歌　　　　　　　　　　長山張太亨

路盤曲兮山之隈林麓晻靄兮神所居神之來兮
風徐徐雲幢煌葢兮羅前驅陽侯軶鑾兮列鈇棒
輿電不搖幟兮雷不鞭車亦旣至兮士民敬趨
擊鐘鼓吹笙箏獻嘉肴兮酌清酤陳牲奠幣兮翼
翼愉愉自今以始兮歲不虛神安寧兮樂有餘時
暘時雨兮咎徵悉除禾亦多稌兮豐年可書民之昭
事兮禮不敢媟神之陰施兮福亦來儲

遊龍洞　　　　　　　　　　　　松雪趙孟頫
蒼山如犬牙細路入深谷絕塵千餘仞上有凌雲
木陰崖不受日洞穴自成屋蕭森人跡必蒼蔚獨
攲伏雲林忽隱映澗道相𢌞復翔禽薄穿霄鳴鳥
響巖曲臨橋濯長纓汲井澈寒玉暫懷塵外思飄
然住林麓無那尋故蹊歸樵相追逐

遊龍洞　　　　　　　　　　　　歷下邊　貢
鳥路縈𢌞洞壑深出塵風景愜招尋山圍下界青

照中巖翠柏森浮世何須論去住病安

不厭登臨釣磯無恙繪竿整悵望仙潭玉鯉沉

遊嚴侍御遊錦屏山洞　溫陵黃克纘

錦屏春色近如何滿澗寒雲蕩漾溪晴日蔽嵐
光輝藤高下石嵯峨聲傳谷底人相應路入巖
中客騎過不是政閒遊一醉鷹川歲月覺蹉跎

遊龍洞寺　歷下范瑑

荒寺丹青古寒泉野店深龍游天表去洞向石巖
陰座外明珠水林陰瑤梵音何時起支遁相對泆

華吟

酬張轉運龍洞即目之作　歷下李攀龍

春山遙上翠微巔忽出藤蘿一徑懸削壁雲霞開
五色中峰日月隱諸天浮漚並結金龕麗飛寶樓
衙石甕圓莫怪驪珠君已得寒湫元自有龍眠

遊龍洞寺　鄠下冀體

壁削芙蓉萬仞丹禪林隱隱畫圖看人間勝地難
多占洞裏諸天客到聱雲傍龍來晴作雨風然

春莫遊龍洞　　歷下光　廬

花飛春欲暮匹馬入山來赤壁龍光合白雲鳥道廻乘蘭忘世境把酒比仙才願結高僧會禪關日日開

清晨出野戍山口白雲連深谷離人境高林隱梵天潭澄堪作雨龍臥已經年及早飛騰去流光太液邊

禱雨龍洞山轍雨有志喜　亳都陳　陞

曲折山行馬未停忽然萬壑雨冥冥雷聲欲動靈

虛宅霧氣先迷錦繡屏亂鳥啼來春谷寂雙龍飛去夜潭腥一鞭霽色夕陽下回首三峯入望青

同張元平遊龍洞　邑人劉　勅

金刹香飄翡翠烟桃花千樹隱諸天層巒倒曳山雲直削壁中懸石甕圓寺廢猶能留衲住洞深常意有龍眠一尊喜對張平子徙倚松門細論禪

登龍洞　歷下李應聘

石壁劃然斷人從曲徑來碑殘知古刹樹老閱[illegible]裁雷霆痕龍[illegible]雲氣[illegible]洞[illegible]三峯烟霧[illegible]

花臺

緋寺乘秋入千林緩步行懸崖攢樹色曲澗轉泉
聲洞鎖僧房寂龕籠佛照明冷然發一笑烟景有
誰爭

趵突泉

詠趵突泉　　松雪趙孟頫

濼水發源天下無平地湧出白玉壺谷虛只恐元
氣泄歲旱不愁東海枯雲霧潤蒸華不注波濤聲
震大明湖時從泉上濯塵土水雪滿懷清興孤

和趙　　餘姚王守仁

濼源特起根虛無下有鰲窟連蓬壺絕喜坤靈能
爾幻却愁地脉還時枯驚湍怒湧噴石竇流沫下
瀉翻雲湖月色照衣歸獨晚溪邊瘦影伴人孤

咏趵突泉　　天水胡纘宗

王屋流來山下泉清潑聊酌思冷然雲含雪浪頻
翻地河湧三星倒映天滾滾波濤生海底茫茫蒹
葭散城邊秋光一片凌霄漢最好乘槎泛斗前

和趙　　廬陵陳

一鏡天光瀉欲無忽驚平地湧氷壺層層雪浪堆
飛白混混源泉永不枯千里伏流終入海百花環
滙更成湖觀瀾亭上清宵坐一片中天月色孤

飲趵突泉　　王越

一泓清氣湧波瀾幾度曾于醉裏看玉杵亂舂珠
顆碎氷壺倒浸雪花寒龍吹海沫潮聲急鬼刻山
根石眼寬誰為蒼生作霖雨天瓢携得上雲端

飲趵突泉　　葉冕

一脉源從天上來翻濤如怒震如雷千年玉樹波
心立萬疊氷花浪裏開神液暗分天地髓靈光常
護水晶臺飛龍有日還收去散作甘霖徧九垓

夏日泉亭獨坐　　華亭陸懋德

誰開混沌千年勝長作津亭風雨聲靈脉近應通
泰岱奔流遥欲向滄瀛飛花湛湛凌虛白濺石[illegible]
冷入思清坐對靜消炎暑去悠然吾欲解吾纓

同李中丞重飲亭上　　吳郡毛在

再從泉上共徘徊無限春風花半摧舊樹重尋[illegible]
更好良辰又値客重來河邊柳色侵衣袖水[illegible]

花入[illegible]爲雨[illegible]

拂拂東風鼓節虎中丞不憚使車勞心憂[illegible]

登俗計量軍需開轉漕盾火巳消因曲突[illegible]

一鳥飛驚濤此行莫許威聲遠爲有仙人贈寶[illegible]

噴泉二首　晉陵吳之珍

噴泉在澗欲濺衣青山百里蘊靈機春晴賞[illegible]

[illegible]燒亭日裁冰暑亦稀水面俄驚雙鶴舞[illegible]

樹影飄飛玉壺濤酒香無厭把酒凭欄任[illegible]

噴泉幾道綺溪斜流響潺潺歷歲華不雨瑶[illegible]

碧瀦無風瑤樹接梨花滄溟鰲伏銀吹浪春[illegible]

珍玉噴沙世上奇觀携不去祇將綠酒送紅霞

噴泉二首　仁和馬三才

碧水通靈穴芳亭俯淺涯源驚騰地出勢[illegible]

[illegible]散影飄晴雪圓光落鏡花仙爐終日沸何[illegible]

[illegible]

懸水下之[illegible]翻空此亦奇龍潛瓊液噴[illegible]

[illegible]心月紛飛[illegible]澄清還[illegible]

[illegible]

和韻　　　　　　安肅鄭材

昔日魯來汗漫遊更攜仙侶共尋幽瀛洲景色情
何似濆激泉聲意未休亭榭芳開徹浦小天雙
月坐凌秋憑空次第觀濤賦河朔風流信自由

題趵突泉　　　　汝陰張鶴鳴

宓靈碎剪夜光綃笑擲波心雪浪嬌倒捲銀河穿
滌底遙椿海月湧江潮驚噴乳竇投珠珮響應氷
壺冷玉簫我欲挂冠從卜築抱琴只傍水西橋

同王彭伯年又觀趵突泉　亳都陳陞

第一名泉都愛看官閑盡日倚欄干腳風更挾秋
聲壯襲客常翻夜月寒雪浪直飛揚柳岸雲花亂
落水晶盤濯纓自笑塵容客何日橋頭把釣竿

濟南歡趵突泉　　宋國彭堯俞

客行望岳攬芙蓉立馬東城揖眾峯百道飛流喧
澗谷蒼忙山色溫心胸地中忽樹泉三窟奔騰直
上聲趵突玉龍穴湧地軸翻萬鑿風輪響汩汩山
人坐石發狂丹沽酒泉頭呼大釃始識造物有巨
靈何年鑒此鴻濛窾濤落轉愁白日沉川光掩映

氣森森莫將氷柱傾東海安得長繩吸作霖

跑突泉觀麥蛙　　古吳呂純如

一隙靈源鬼斧開飛濤噴沫亦奇哉全將鮫室珠
磯出並挾龍宮風雨來四面青山聯埤堄千年自
雲倚樓臺郊遊處處成欣賞況有甘霖發麥芟

大佛山

遊大佛山　　容菴應大猷

下葉野香行愛菊垂花崖穿石溜含清露磴絕巖
山中廊榭倚山斜風日逢秋靜且嘉樹色坐巑林
屏隱赤霞容久與僧蹤跡合來遊此地便忘家

集大佛寺　　歷下李攀龍

流音拂層岑逺照翳深谷古寺入蕭條廻巖抱幽
獨梵影靜香臺鐘聲隱石屋絕壁棲禪誦懸崖下
樵牧秋花雨還瘦老樹霜逾禿寒泉可瑩心白雲
況極目登臨客自隹搖落時何速蔬色蕩腥膻苦
光清簡牘新詩發神秀舊遊耽初服歸來杖屨便
老去烟霞伏高城出畎睨燈火通林麓言旋轉多
與後期此同宿

杯郭年丈遊大佛寺　歷下許邦才

龍山追賞碧雲開丈席留連黃菊杯城近易供陶令酒寺幽合築遠公臺湖田潤水霜鴻去洞口吹笙海鶴來隨伎謝安今繫望誰云百里竟淹才

白雲樓

次陳靜齋韻　壽光劉　鈗

墻外宮花照眼明珠泉遥送棹歌聲山亭雲渡凝眸碧水殿風來透骨清杏荐水盤香沁齒蒲分雪酒醉含情飄然與在滄浪外便覺軒裳一念輕

白雲亭泛舟　濼江王　璐

禁城春曉之晴湖萬象光涵一鑑鋪合浦月寒珠錯落靈臺雲起玉模糊白魚黃鳥隨歌扇碧石青菰入畫圖七十二泉遊覽遍獨疑今日在蓬壺

千佛山

同半洲登山望西湖　沁源張　鵬

蓊蔚風光景物嘉晴川一望帶平沙片雲橫處重重樹湖水流中萬萬家坐久頓能消白日登餘遠見落紅霞登臨感慨知多少孤雁南飛極浦斜

同張侍御登對華亭　閩中蔡　經

歷下名山秋復登丹崖青嶂鬱層層徑緣禾菊行將遍檻爲看雲帳獨凭遠岫斜陽邀去鳥疎林凉月送歸僧凌高小結依龍洞坐對華峰翠欲凝

春日遊千佛山　歷下范　瑟

身外休牽纓冕榮塵驅久矣苦吾生初過勝地留踪跡非向山僧問姓名芳草更增丘壑色白雲偏助薜蘿情均霑聖泊青林若大樂何緣道客行

秋杪同許左史眺望　歷下李攀龍

南山有幽意駕言重徘徊湖波蕩寒城四座清光開金天澄素景秋氣何悲哉繁陰逝白日浮雲自往來落木颯中林流焱激巖隈朝昏上烟火原濕被樓臺故鄉無滯淫世路多塵埃念我平生懽離思總難裁

登千佛山寺　歷下潘子震

野寺秋光載酒看詩懷猶爲惜秋殘山空雨濯雲逾白樹老霜侵葉更丹斜月半窓松影亂懸崖數滴水聲寒閑來直作藤蘿客[illegible][illegible]浮生得[illegible][illegible]

陂少陵詩二子孰可繼沙鷗弄晴曦

夏日遊湖值雨喜賦　歷下邊　貢

隱隱輕雷動水西水東殘日抱晴霓女牆倒颭紅旗動農屋斜連綠稻肥張相池臺烟漠漠閔公祠墓草淒淒回舟不盡登臨意却棹涼風過別溪

湖上候陳趙盧三按察　歷下劉天民

采舟久繫湖邊柳綺席遥張草際亭避暑欲謀河朔醉感時豈效屈原醒爲憐菡萏娟蒼水不分鳧鷗點綠萍栢府更攜香醖至漁歌獨向月中聽

遊湖望華不注　歷下潘子震

雨霽湖光澹碧天正堪沽酒上漁船波間倚棹看山影樹底行厨接水烟遥想少陵遊歷下猶聞太白賦華巔秋來偏愛林塘好況對清風明月前

同劉五雲遊湖十絕　汝陰張鶴鳴

荷葉包魚綠竹港磁瓶沽酒百花洲棹歌不斷菱風急吹入白蘋灣盡頭

點點青螺華不注團團飛鏡大明湖相傳王女梳粧處濟上于今有畫圖

北極仙祠白玉闌燒香女伴鬪雲鬟髮憑高笑撚荷

花蒂指點湖東望嶠山

鴛鴦沙煖蒲芽長翡翠巢空蘭葉齊嵋華橋東

風急綠柳千絲盡向西

佛山影落鏡湖秋湖上看山翠欲流花外小舟吹

笛過月明香動水雲舟

白雲寂寞下空陂綠藻芳舟繫紫權籬海內名亭都

不見令人却憶必陵詩

獨抱瑤琴近水樓登樓一奏廣寒遊花裏絃歌聲

十三

細細月明堤上採蓮舟

酒傾荷葉臨風吸綱得鯿魚帶藻烹偶從玉女祠

東過繫看闌橈吹玉笙

我是湖山吏隱身年來最與白鷗親會波泉上久

陽裏紫翠玲瓏透鴨茵

港口分舟夾岸迷青菱草拂衣低水波雲起湖

光白十里清香綠稻畦

華不注山

登山　　　　　　唐杜甫

岱宗夫何如齊魯青未了造化鍾神秀陰陽割昏
曉盪胸生層雲決眥入歸鳥會當凌絕巔一覽衆
山小

登後追詠　　　　　唐　李白

昔我遊齊都登華不注峯茲山何峻秀綠翠如芙
蓉瀟灑古仙人了知是赤松借余一白鹿自挾兩
青龍含笑凌倒影欣然願相從

登華感賦　　　　　南豐曾鞏

虎牙千仞立巉巉峻援遙臨瀨水南翠嶺澈風晴

可掇金輿陳跡久誰探高標特起青雲近壯士三
周戰氣醉丑父遺忠無處問空餘一掬野泉甘

登山歌　　　　　浚川王廷相

岌嶪登齊城闢華不注峯蒼壁削孤雲怪石蟠虬
龍驚風噴盪萬里來靈氣直與秋爭雄岱岱巃嵷羣峯
秀娘娜蓮莅芙蓉萬千朵白日雲霞相蔽蔚黲炎
徂徠明一火嘩嘩華不注別出三山支仙人移家
過西湖墜落拳石成崔巍平地突兀青剌天不一
倚附資維持我昔東遊走其下泉上磐石一停馬

崒磴杳牙不得上胸次嶢天詎能瀉濟水奔流東
入海綠波遶山年年在紫鳳不來鳥鳶翔石上琅
玕日沉彩鳴呼風塵澒洞兮逢時之危龍蛇遁藏
兮豺狼恣睢孤臣獨立兮不愧茲石浩蕩泬漻兮
極于兩儀

水陽藩伯招飲華不注　豐城雷　達

怪石崢嶸薄碧空巨靈何此起龍從三齊城郭湖
光裏百代風流眼界中移坐顛斟銷野興振衣欲
上倚穹窿徘徊忽擬登絕頂惆悵危梯月色東

濟南道中望華不注　鳳洲王世貞

華不注何崎嶇青天削立峯岑寄語三周鐵騎何
如一枝登臨
冠蓋人人白雪生涯處處青山莫怪攀龍任酒王
生猶落人間
欲雪千山自暝將風萬樹生寒償債半生車馬誤
人一世衣冠
翛翛檜栝風緊藹藹桑榆日斂莫怪牛羊未下中
峯自有人家

同嚴侍御登山　温陵黃克纘

一徑迢迢上翠微洞門深處憇斜暉孤高欲競南山聳窈窕如含細雨飛載酒峯頭酣野色行春郭外霽霜威琳宫不暇平湖水醉泛蘭舟待月歸

同遊次黃大中丞韻　姑蘇嚴一鵬

寂寂山深花事微攜尊選勝倚斜暉危峯崒嵂形如墜怪石參差勢欲飛已慶桑麻霑雨澤還教狐鼠避霜威登臨不盡探奇興自墓蘭橈醉月歸

同杜爵齋登山　安肅鄭　材

握乎乾坤意獨親褰帷雙舃一行春扣舷欲識桃花路倚杖翻憐桂樹林積翠遥浮三島出晴光高散五湖匀年來勝抱登臨興陶謝風流此日新

同范栢峯登山　歷下陳　輣

萬夾孤峯翠欲流懸崖側磴使人愁開雲去住樓臺礙近日融和草木稠俯視河隍清曲曲仰瞻岱嶽遠悠悠興來不覺諸天迥未是斜陽到上頭

同近山年丈登山　歷下范　瑟

福地標雲迥不群春山邀客醉晴雲烟開峯頂芙

蓉出風送霞觴蘭蕙薰湖水似瞪孤嶼轉洞簫如
向九天聞蓬萊清勝稱難到何得相携挹翠芬

登山絕頂　歷下李攀龍

中天紫氣抱香爐複道金輿落帝都二水遥分清
嶂合一峯深注白雲孤岱宗風雨通來徃海色樓
臺入有無不是登高能賦客誰堪灑酒向平蕪

華不注晴望　歷下許邦才

颭紫芙蓉第一枝層雲吞吐弄奇姿斜陽倒影明
湖處還似當年三匝時

登山二絕　歷下劉執中

夕陽欲下更徘徊遥望南山碧嶂開村酒一瓢渾
不醉留人山色去還來

當日三周事若何那如一醉白雲阿須知世上浮
名客不似山中得趣多

詠山　亳都陳　陞

嶙峋高峙小清前直逹山根泊畫船半夜遥浮紅
日動一峯半與白雲連捫蘿倏可凌霄外載酒還
看到斗邊南望群峯無數處那如孤嶂倚青天

春仲遊山木果飲桃花園醉賦　　歷下劉　勅

小清河畔草芬芬選伎尋幽日欲曛勝地皆堪供綠醑青山何用妬紅裙醉眠半襯桃花瓣歸去全攜洞口雲不必憑高頻四顧壺中春色已平分

九日同登作　　歷下劉　檄

把酒憑高望秋容澹遠空河山夕照外城闕暮烟中鬢插萸花紫杯浮木葉紅遙看蓬島近有意駕長風

讀書華山山庄　　歷下劉朝宗

莫言此地僻山色凈堪飡萬石當自秀孤峯入座寒人依清渚醉書傍石床看閒到絕巔望悠然眼界寬

大清河

送李憲副　　歷下邊　貢

齊門東泒徑平雲漠漠湖冥冥使君來麥秋晚柳陰陰畫舟速瘦蒲踈荇逗遛香南浦烟光接西堰堰北山靈鳥相聚對面潺湲華不注山前綠稼隱

茅茨舊是齊儂釣遊處横橈越水澼飛踏青芙蓉
華陽洞口跨白鹿醉吹玉笛呼眠龍長揷野老逐
李邕錦袍仙人隨赤松石壁土花秋靡靡古蹤悠
悠鎮如此要留灑翰洗蛙蟬滿林夜黑啼山鬼

秋日遊清河　歷下任登瀛

澄江拖練蕩扁舟乘興重來此地遊滿目青山千
古畫半林紅葉一天秋杜陵牢落恃詩卷阮籍飄
零只酒甌醉後凭虛思清爽更於何處覓丹丘

清河送客　歷下李應聘

百里飄帆過人乘破浪風棹歌發浩淼槎影動虛
空乍霽孤峯出合流二水同月華清似鏡偏照客
邉鴻

舜廟

舜井歌　廬陵歐陽修

岸有時而爲谷海有時而爲田虞舜已沒三千年
耕田浚井雖鄙事至今遺跡還依然歷山之下有
寒泉向此悲號于昊天無情草木亦改色山川慘
淡生雲烟一朝垂衣正南面皐夔稷契來聯翩功

名德大被萬世今人過此猶留連齊川太守政之暇鑿渠開沼流清漣遊車擊轂惟恐後衆卉亂發如爭先豈徒邦人知樂此行人亦爲留征軒

舜泉　南豐曾　鞏

山麓舊耕迷故壟井乾餘汲見飛泉清涵廣陌能成雨冷浸平湖別有天南狩一時成往事重華千古似當年更憐此水無休歇餘澤人間世世傳

虞帝廟十二韻　吳越沈應奎

大孝升聞日文明啓晝時頑嚚未能豫呼慕正無涯秉耒身耕稼于田淚涕絲哀哀嬰孺慘慄慄影衆知允若開元化雍熙洽萬黎回思浚井事端是格天基玄德去已邈淵泉恍在茲脈通桑海幻流濬古今奇世降風逾薄親慈孝尚虧蓼莪能幾賦拱樹每堪悲五帝旋輪轂千秋著鼎彝微臣肅瞻仰敦行愧規儀

水面亭

詠亭　唐杜甫

東藩著皁蓋北渚凌清可海右此亭古濟南名士

多白雲已發興玉珮仍當歌脩竹不受暑交流空
湧波蘊真愜所適落日將如何貴賤俱物役從公
難重過

咏亭　南豐曾　鞏

臨池飛構鬱岩嶤欞檻無風影自搖羣玉過林抽
竹翠雙虹垂岸下平橋煩依美藻魚爭餌清見寒
沙水滿橈莫問荷花開幾曲但知行處異香飄

亭中泛舟　温陵黃克纘

湖上東風退舊寒故交携手有新歡笙歌半爲深

談廢燈燭偏宜遶岸看敢向中流論擊楫還從大
雅識登壇因思北海當年宴歷下高亭此會難

咏亭　歷下劉　勅

水邊樓閣鬱崔嵬載酒頻邀豪客過不見此亭當
日古郡淹名士一時多芙蓉光落看山醉菡萏香
生倚棹歌十里明湖秋更好與君搔首弄清波

禱雨有應二絕　亳都陳　陞

玉龍潭

數歇龍潭百尺深環堤垂柳碧森森一鞭驅得蒼

龍起沛作商家六月霖

一犁春雨乍堪耕到處歡歌四野情雲破五龍何
處去綠楊裊裊碧潭清

咏龍潭　　歷下劉　勅

楊柳依依霧氣重鮫人館外黑雲封有時大旱沉
雙璧卽見飛霖起五龍星斗影搖天倒鏡山嵐光
落水涵峯年來此地無焦土歲歲懽聲動老農

過龍潭値旱　　歷下李應聘

潭水遠滌水靈宮柳岸邊畫橋通碧渚玉鏡度飛
泉雷動千林雨雲來萬壑烟于今枯旱久不許五

龍眠

㟙山

望山　　南豐曾　鞏

一峯孤起勢崔巍秀色拖藍入酒杯靈葉已隨霜
露得平湖長泛雪雲廻翰林明月舟中過司馬虛
亭竹外開我亦退公思躡屐會看歸路送人來

山亭燕集　　歷下李攀龍

青尊臨北渚還爲故人開此事成今昔浮雲見往

渡棹歌鳴山中靈藥應還在卜築巖頭度此生

嵴山湖　　　歷下李應聘

太液渾如鏡裏看漁人垂釣嵴湖干曉涵萬傾玻璃净夜浸中天星斗寒細雨濛濛添鴉綠微風拂拂動鷗瀾燒卅此日今何在山色蒼蒼夕照殘

黑虎泉

洗心銘　　　江右鄒　善

有物無朕不可垢斯覔垢從生了不可知酌彼檻泉江漢濯之退藏于密皜皜莫窺

來花間移几席鏡裏出樓臺忽就投湘賦深知賈
誼才

登山　　長安張　珣

唶山清絶倦躋攀烟雨濛濛白晝間燕子來時花
片片鷓鴣啼處竹班班碧蘿洞口穿丹井玉笋峯
尖聳翠環我欲追隨謝公屐翛然乘興訪東山

咏山　　歷下劉　勅

一片孤峯俯大濤凭高遥聴水流聲翠屏倒逐氷
濤白冊籠長燒夜月明帆掛斜陽波影動舟横野

過泉留題　天水胡纘宗

濟水城南黒虎泉一泓瀉出玉藍田雪濤飛雨隨河轉雲液流雲到海邊楊柳溪橋青遶石鶯鶯烟水碧涵天金湯沃野遥千里春滿齊州花滿川

咏泉　歷下劉　勅

懸崖之下碧潭深潭上懸崖欲幾尋石激湍聲成虎吼泉噴清響作龍吟寒光一坐常驚骨澄色千年可洗心最喜酒家多野趣相携同醉緑楊陰

如斯亭

咏亭　歷下張　弓

閒雲漠漠淡晴空柳堰漁船晩色同十里碧波秋色遠一湖清影夕陽通殘霞映水明天外孤鷺銜人落鏡中何日持竿隨落照烟波影裏釣長虹

咏亭　歷下劉　勅

誰來亭畔結高樓無限湖光一望收萬頃玻瓈涵遠岫幾家簫鼓泛中流磯頭漁笠供閒興石上瑶琴弄素秋川自如斯人代謝滿亭殘照水悠悠

同劉五雲感賦　歷下李應聘

握手釣磯上誰知造化深如斯非有意逝者亦何
心晩歲催雙鬢孤舟載夕陰相將流水調彈入伯
牙琴

小洪園

同孟觀察遊園中　　溫陵黃克纘

園林葱蒨水縈廻楊柳橋邉載酒來栖鳳琅玕寒
更綠躍魚萍藻凍初開燈花照夜花燃樹香氣迎
風玉吐梅玉孟詩名君不忝和歌誰是謫仙才

題水竹居　　晉熈阮以鼎

華不注山揷霄起芙蓉影落芳湖裡滄溟倒瀉天
河水下有泉源應星紀分砂漏石長映空拔蓮絲
荇紛搖風逹勢浩渼瀁日月遥光竇薄含烟虹滙
茲萬頃壯歷下何必千里誇江東湖干窈窕結亭
屋陰森蔭以萬竿竹續取渭川與篔谷湖波竹浪
影交逐一幅瀟湘展穠綠漁船葉葉點輕鳧歌聲
欸乃遥相續主人一彈水雲曲焚香手把南華讀
方曈綠髮神翛翛竹外松風來謖謖獨秉扶輿堅
白性此中更飽江湖與百折東之斷不回千尋直

上存餘勁戾事紛紜宵章横大斧窮篙似懸磬若心蒿目支九陲撑柱爬疏權利病水竹空憐幽意便藉公一柱長扶天爲霖作楫看今日艮弼誰居稷契先

遊園中和劉五雲韻　孟津楊玉潤

秋夕停車向濟濱名園幽勝月華新生平有興來看竹埜笑無從問主人林外依然濠濮勝花前但覺酒杯親畫船摇曳微風起拚醉渾忘逆旅身

豚閣　歷下劉勅

種竹千竿湖水間結廬當日爲投閑滿湖水浸花成塢一洞苔生石作山踈雨欲來香細細清風微動響珊珊主人高節盤空碧獨冠當朝玉筍班

白雪樓

秋夜同許殿卿分韻　歷下李攀龍

林烟既曳綃湖波亦被絳雞犬靜荒村蓬蒿翳深巷燒微見月出鐘清識霜降各稱浮白樂未覺呼盧贑更賦梁園雪如流華渚虹預愁還城邑車馬紛相撞

[illegible — faint vertical-column text]

白雲茶 [illegible]

[illegible]

卷二十

[illegible]

主人 [illegible] 林 [illegible]

[illegible]

道美 [illegible]

新林 [illegible]

[illegible]

人去樓空濟水頭闌干倚遍憶風流白雲黃鶴杳何處山色溪聲共一樓長夜漫漫千古恨知音落落七絃愁嶺南大雅閣同調春鳥嚶嚶自可求

登樓懷于鱗先生　　亳都陳陞

有心憐往哲人去盡樓空千載風流合一樽意興同泉仍當日白花勝舊時紅何處吟魂結依依夜夢中

醉歌懷李于鱗　　歷下劉勅

樓下泉光飛晴雪樓上山光半明滅昔人一去此樓空吟魂不散香雲結有客閒來上此樓昔人不見使人愁自憐同調獨成醉一曲陽春水不流

趵突泉

波心三玉樹一望景堪嘉映月翻金屑隨風散雪花光搖石檻動影拂板橋斜兩岸垂楊裏扶疎見酒家

龍洞

山口披雲入高林隱梵天洞開應有日龍去不知年絕巘三峯秀懸崖二甕圓世間多福地此處好

逃禪

大明湖

一川清禁水滙作百花洲倒影揺青嶂澄波映畫樓舟橫竹港外人坐釣磯頭高客常來此開樽對白鷗

華不注

亂石堆雲立孤峯入碧天杯浮銀漢水袖挽海門烟帆影清流外湖光落照邊好乘白鹿去蓬島覓羣仙

大佛山

去廓十餘里山廻石徑幽白雲常覆寺黃菊寬宜秋塔影樽前轉湖光望裏收甘泉幾滴水能解世人愁

小淇園

誰家多野興種竹滿湖干聲動清風遠光揺白日寒新篁堪遲客落籜可爲冠客至休相問憑人載酒看

白鷗閣

誰家結高閣悠然傍水雲荷香風裏度漁笛月中聞窓疊青山色人隨白鷺羣竹扉常自閉不問世情紛

水面亭

傍水結幽亭亭堆萬疊青棹聲花外轉漁笛座中聽魚鳥排隹讌雲遲使客星相逢當此地莫放酒常醒

北極廟

廟貌欝崔巍溪雲護法臺凭軒雙目豁倚檻萬峯來樹影孤帆動香煙古殿開喜看載酒者一棹任徘徊

千佛山

數里城南寺松深一徑幽片湖明落日孤嶂插清流雲繞山僧室苔侵石佛頭洞中多法水爲客洗煩愁

天鏡泉

何年開此沼浮岸水盈盈地湧千珠亂天垂一鏡明靜觀詩思令閑對酒脾清爲語紅塵客臨流好

濯纓

灰泉

一泓方塘水疑從太液分樓船天上坐簫鼓鏡中聞畫閣排青嶂朱欄繞白雲美哉帝子宅日日醉斜曛

舜井

爲指南山下人傳是舜田垂衣還有像耕稼豈無年大孝存雙井薰風寄七絃夜深松籟動隱隱似號天

黑虎泉

何事懸崖下冷然一洞深明珠輕泛泛雪浪碧沉沉久坐清詩骨偶來淡客心無窮幽趣在況有梛陰森

鵲山

西北開青嶂無峯山自奇丹爐還歷歷明月故遲遲桃李春開日樓船水漲時許多尋勝者到此好御厄

五龍潭

傳是蛟龍宅龍潛何處尋壇中臺殿古門外石潭深樹銜雲常合亭高日半陰坐來水色淨聊可空人心

水面亭

水面何年結此亭憑欄一望亂山青荷香十里湖光潤日日開筵遲客星

朱公祠

司馬祠堂何處尋樓臺錯列水雲深湖光一泓渾如鏡常照當年爲國心

督學公署

校士公庭傍水隈欲憑藻鑑好掄才衡文纔罷焚香坐荷芰相間桃李開

聞韶館

當日虞庭奏九成于今想見鳳凰聲不知敬仲奔何處千載空傳尼父名

北極臺

傍城一刹欲凌空山色湖光一望中閒把酒船泊此地香烟遥接落霞紅

歷下亭

滿目蘆花一徑幽風光不讓洞庭秋今來名士知誰是山自青青水自流

晏公廟

晏公臺殿自崔巍滿沼荷花遶鑑開可惜滄桑今已變斜陽不復入池來

鐘樓

一樓高結傍湖邉夜夜鐘聲響暮天影落碧波堪入畫城頭橫帶翠雲連

會波泉

湖光一望水漣漪最喜夕陽西下時人物幾更天地老滔滔千古自如斯

小洪園

誰種湖邉竹萬竿一樽如向雨中看當年六逸今何在惟有清風陣陣寒

一竿亭

一亭獨立水中央萬荷風來滿座香每欲泊船人不見一溪楊柳帶斜陽

水雲居

幽人傍水結高樓鎮日閒情對白鷗著罷殘書無所事獨携樽酒弄扁舟

七十二泉總咏　長安張　珣

濟南出靈泉七十有二穴其源根泰山其脉磬千折涓流何清冷滋味極甘冽岱著名皇華膏亭日趵突瀑淙漱玉聲粲爛懸珠色金線綰芙蓉醴泉間蜜脂白龍如鏤銀黑虎若點漆玉環乃團圓甘露時時滴無憂檻泉西孝感濼源北舜泉響琳琅雙女解珮玦或猶萵苣苦或類楊花糝或比蟠桃紅或似柳絮碧臥牛何現奇鹿趵亦清絕魚池漾晴瀾龍居通海國濯纓漣漪伏賢清源水活其中名最多悉数不終物瀴瀯由天成潦潤本地設自非曠士懐肯愛山水窟予來官濟南奉
命持憲節隨地觀民風所至慕先哲上窮洙泗源下盡風紀職水出地中行遠近沐潤澤作詩記勝遊俯仰慨今昔

趵突泉　廬陵晏　璧

渴馬崖前水滿川江心泉迸蕊珠圓濟南七十泉
流乳趵突獨稱第一泉

金線泉

水紋浮綠影搖金劍挽銀河百尺深中有錦魚三
十六碧波蕩漾任浮流

杜康泉

甘泉一脈舜祠下此地千年說杜君不是重華常
嗜酒幾扈聊借觧南薰

朱公泉

陶公已泛五湖船尚有芳名寄此泉嘗繞栢窓風
日永濟南別有一山川

白公泉

白公當日浚清渠可灌秋田十頃餘千載齊民沾
地利離離禾黍秀郊墟

舜泉

巍巍舜廟歷城南中有清泉味極甘流出迎祥仙
館去汪汪千頃泛波瀾

濯纓泉

石鑄流泉可濯纓更無斧鑿自天成一淸疑挽銀
河水應嘆滄浪浪得名

甘露泉

盤谷淸泉一派長味甘卻似飲天漿何須沆瀣分
仙掌滴滴斟來透骨凉

孤孤泉

天麻山北水盈渠山水流傳姓獨孤蘇嶺籠葱含
紫翠淸流豈受俗塵汙

湛露泉

泉如湛露味甘香潤入三焦齒頰凉通樂古園饒
爽氣厭厭夜飲醉無妨

雙女泉

二妃鑾降有虞城城下流泉列且淸麥壠黍田資
潤澤田公擊壤樂升平

羅姑泉

阿姊遺跡渺烟蘿㡣得流泉尚姓羅陵谷變遷無
限感至今於越慕曹娥

孝感泉

奉聖泉
[泉脈至今未竭……]（篆文，殘泐不清）

縣故泉
[靈芝山……]（篆文，殘泐不清）

漿女泉
[……]（篆文，殘泐不清）

卷下

新霜泉
[……]（篆文，殘泐不清）

亦亦泉
[……]（篆文，殘泐不清）

甘靈泉
[……]（篆文，殘泐不清）

盤谷泉
[……]（篆文，殘泐不清）

三十六

齊城孝子格天心井湧清泉冽且深躍鯉臥冰非
好異流傳勝事到于今

玉環泉

泉脉盤回似玉環天留勝地在人間温泉曾被楊
妃辱故引清流到歷山

南漱玉泉

南泉漱玉泒匡廬應是雲門瀑布餘月照波心清
可鑑豈無湘女解瓊琚

北漱玉泉

泉流北澗瀑飛瓊靜日如聞漱玉聲纖手掬來清
徹骨高人宜爾濯塵纓

南珎珠泉

神林南面有流泉流出明珠顆顆圓一脉清泠猶
合浦月明老蚌吐深淵

北珎珠泉

白雲樓下水溶溶滴滴泉珠映日紅淵客泣來無
覓處恐隨流水入龍宮

南甘露泉

佛頂巍巍青插天滴來井露化流泉南風六月爲
霖雨遠借恩波漑井田
龍門泉
西望龍門海藏通香泉一脉透齊東桃花浪煖春
三月鵾化鵬程九萬風
白龍泉
白龍已逐白雲飛鱗甲時時漾綠漪月白風淸天
似水一泓元是化龍池
黑虎泉

石磯水府色蒼蒼深處渾如黑虎藏半夜朔風吹
石裂一聲淸嘯月無光
黑龍泉
澄潭萬頃碧如油泉水流來石洞幽夜半龍歸雲
霧黑散爲膏雨澤齊州
鹿跑泉
泉聲淸似鹿呦呦逝者如斯日夜流靈囿料應非
宿昔蘼蕪杜若滿滄洲
芙蓉泉

[illegible — faded column of text]

[illegible]

[illegible]

[illegible]

[illegible]

[illegible]

[illegible]

[illegible]

[illegible]

[illegible]

[illegible]

[illegible]

[illegible]

[illegible]

[illegible]

[illegible]

峭華紫翠削芙蓉山下流泉石澗通朶朶紅粧照
清水秋江寂寞起西風
雙桃泉
前度劉郎不再來泉頭幾見碧桃開昨宵忽夢三
偷客滿泛瑤池阿母杯
柳絮泉
金線池邊楊柳青泉分石竇曉冷冷東風三月飄
香絮一夜隨波化綠萍
柳泉

杏花開遍柳垂絲柳下清泉漾碧漪莫折柔條留
繫馬綠陰深處聽黃鸝
胡桃泉
胡桃結實晝偏長樹下清泉帶露香曾過武陵溪
上路落花流水逐漁郎
萵苣泉
泉名萵苣一河清萬事咸由清苦成寤寐不忘冰
蘗操菜根咬得見高情
金沙泉

白龍泉畔有金沙清水紅蓮勝若耶一脉直通雲
漢路豈無仙客泛靈槎

白花泉

石泉流出白花浮喜傍禅林似虎丘好侶西來空
色意世間萬事等浮漚

灰池泉

黑風翻海撼蓬萊吹遍昆明幾刼灰欲遡水源窮
不盡流來歷下净纖埃

登州泉

文登一脉透譚城澄徹全無蜃氣腥安得雪堂蘇
學士朗吟萬竹濯清冷

王氏溪亭泉

魚池西北水涓涓王氏溪亭尚翼然溪上槐陰清
晝永凭欄徙倚聽鳴蟬

賢清泉

中州文物重譚城故以賢清易水名安得簞瓢顔
氏子秋風來此濯塵纓

東皐泉

金線南泉折向東猶如江漢遠朝宗方池半畝源
流活難覓魚龍變化蹤

清水泉

灝氣浮空秋水清水天一色月華明滄浪孺子高
歌處一濯塵纓得此名

醴泉

九成曾刻醴泉名歷下泉如竹葉清山水之間有
真樂何須留連醉翁亭

酒泉

酒星炯炯映青天地下方知有酒泉一酌飲來其
若醴相逢誰是酒中仙

東蜜脂泉

清泉流出碧漣漪脉貫東西號蜜脂說着到頭辛
苦處誰知滋味美如飴

西蜜脂泉

西池泉味比東強何必天寒割蜜房莫道脂其能
悅口試將一飲勝天漿

洗鉢泉

淺井東邊有冽泉山僧洗鉢是何年泉中流出伊
蒲饌絲透三生石上禪

香泉

虞帝祠前春草芳石池漾漾碧泉香源頭活水恩
波遠萬頃坡田擺柳黃

散水泉

珠泉東向水縈回蕩漾漣漪去復來時有濯纓佳
客至方池如鑑絕纖埃

明水泉

清泉一泒接銀河寶鑑同明水不波步繞方池閑
顧影鬚眉散作百東坡

皇華泉

金線池東湧碧泉皇華使節耀齊川聖恩浩蕩寬
如海散作甘霖遍八埏

無憂泉

檻泉西畔潄清流酌水能消萬斛愁白叟黃童爭
擊壤春來有事向東疇

滿井泉

川流不息井泉盈明秀亭前脉脉清應是夜來春雨急水高三尺小池平

淺井泉

齊城淺井不滿尺一掬能令塵慮消日暮兒童汲鉼處芭蕉葉上雨蕭蕭

石灣泉

石灣池接檻泉南湧出清流味更甘旋汲井花烹石鼎唶華秋淨暮烟涵

臥牛泉

昔聞陶墓有牛眠今見齊州溢井泉千載歷山遺勝迹秋風禾黍滿虞田

龍居泉

東望扶桑海岱連澄潭月冷水涓涓釣竿一拂珊瑚樹驚起潭心龍夜眠

馬跑泉

馬蹄踏破迸飛泉流出齊城淺水邊入駿曾聞馳八極百年幾見海成田

魚池泉

姜家亭畔水漣漪無数金鱗逐浪吹只恐桃花春
浪暖龍門一躍化天池

如魚池泉

譚城淺水似濠梁有客觀魚慕老莊無餌無鈎閑
罷釣倦眠菰草映斜陽

温泉

太真偏愛洛華清温潤何如歷下城玉甕崑山何
借潤不勞薪爇與煎烹

懸珠泉

泉脉如懸禾米珠源頭活水世間無洞深恐有驪
龍臥吐出香涎下㟚湖

都泉

遥望中宫廿里餘清泉都滙㟚山湖脊城大旱作
霖雨一滴能甦萬物枯

漿水泉

泉流乳竇比瓊漿入口渾疑透骨凉若比醍醐滋
味異較他馬湩更甘香

白泉

槐庭秋水色泓澄體孕金天玉雪淸月夜看來疑
素練纖塵不染勝瑤瓊
南煮糠泉
泉通趵突水琳琅濁世還能掃粃糠地位淸高隔
塵土琪花瑤草四時芳
北煮糠泉
趵突西隅作石棚泉名糟粕待煎烹一掬可淸無
塵滓何是當年玷濁名
望水泉

萬竹園中景趣幽雙泉一脉望登州碧梧百尺樓
丹鳳雪浪千堆戲白鷗
熨斗泉
泉如熨斗氣溫溫龍洞分來第一源欲識坎離交
媾意請參道德五千言
濼池泉
柳子當年記濼溪別分一泒出東齊憶從濯錦江
邊過風漾晴瀾五色迷
車泉

漢家聞有七香車歷下車泉夏可嘉金井轆轤聲
軋軋夕陽芳草噪寒鴉

懸泉

百尺流泉石上懸龍歸洞口散晴烟曾從五老觀
飛瀑倒挽銀河落九天

灰泉

珎泉西北帶烟埃亂石堆中蝕翠苔何日塵襟淨
蠲滌源頭尋路覔天台

混沙泉

曾迎宰相築新堤泉石淸佳似壤西亦有元戎乘
小隊時時問柳到幽栖

劉氏泉

泉名劉氏果何人千載風流数伯倫天産釀泉淸
可掬松花滿泛甕頭春

道士泉

北渚南山礙石渦寒泉迸湧寺東坡種桃道士知
何處偏愛靈泉種得多

平陵城　人傳城中人行不見影後試之未必然

鳥雀不巢　說者謂大明湖鳥雀不巢近亦常見其巢但湖中漁網高懸鳥見而驚之結巢者不多耳

論曰天下之可據可憑者理也適來適去者數也倘有倘無者事也天地之間無事不有第習見則以爲常乍見則以爲怪耳若使乍見則人之生死物之幻化不令人咋舌乎人情貴耳賤目世所不經見之事雖于理不載亦足新人聽覩也存之

《歷乘》影印說明

地方志簡稱「方志」，即按一定體例，全面記載某一時期某一地域的自然、社會、政治、經濟、文化等方面的文獻。尤其是古籍方志，無論記人、記事、記物都不脫離本鄉本土，事事緊扣地方。地方志記載的範圍雖限於一個區域，但其內容卻極為廣泛。從縱的角度看，既記古又記今；從橫的角度看，既記自然、地理，又述政治、經濟、軍事、文化，還記社會風土人情、人物。它不僅是有關自然科學的「博物之書」，而且是一地社會科學的「一方之全書」。在現代，地方志被譽為「地方百科全書」。依照傳統的說法，地方志具有「資治、教化、存史」三大功能。在今天看來，一部好的方志不僅具有保存地方文獻、幫助政府決策的功能，而且還具有充當鄉土教材、提供科研資料的重要作用，其重要性越來越明顯。

因此，自古以來，中華民族就有編纂地方志的優良傳統。宋明以來，不僅省、府、州、縣代代有志，甚至名山、大河、塔陵、寺廟也纂修有專志。歷代積聚、流傳下來的地方志，是我國數量浩瀚的傳統地方文獻的重要組成部分，同時也是歷代學者整理地方文獻的重大成果。現存歷史資料，很大一部分是通過地方志得以保存和流傳的。

濟南是一座擁有兩千六百餘年建城史的歷史文化名城，自明代始即有最早的縣志——《歷乘》刊刻。《歷乘》在濟南地方志編纂史上佔有極為重要的地位，它不僅是歷城縣志中最早的刻本，而且在公私各家書目均不見著錄。尤其是由於劉敕於明崇禎十二年（一六三九）清軍攻陷濟南時，以耄耋之年遇難，其書版均遭焚毀。惟《歷乘》一書幸遺有孤本（明崇禎六年刻本），得以於一九五九年由北京中國書店影印行世，其版本價值也因此愈顯珍貴。

《歷乘》全書十八綱，每綱一卷，計分為圖經考、星野考、輿地考、沿革考、建置考、官制考、賦役考、學較考、選舉表、武秩表、兵戎表、方産表、災祥紀、風俗紀、景物紀、人物列傳、文苑傳、外傳。綱下設目，共一一九目。該志不僅記述了明代濟南升為省會後的城建、人口、田畝、駐軍等情況，而且在「文苑」類中完整地收存了當時各名家記述、歌詠濟南名勝古跡、湖光山色的詩賦文章，使這些美文佳作得以流傳至今。

劉敕（一五六〇—一六三九），字君授。明代濟南歷城人。萬曆七年（一五七九）中舉。後考進士不第，任陝西富平知縣，未滿一年即辭官。母親病故，劉敕極為傷痛，結廬於墓旁。後雖多次薦舉，終未再入仕。一生砥礪名節，愛好詩詞，好著書，八十歲高齡仍手不釋卷。著書數十種，其中以注解忠孝二經最為有名。兩經注解進呈御覽後，由禮部頒行天下，為必讀之書。崇禎五年（一六三二），著《歷乘》十八卷，崇禎七、八年刊刻出版，是為歷城縣志中最早的刻本。劉敕從此名揚海內，時稱「真儒名世」。崇禎十二年（一六三九），清軍攻陷濟南，劉敕不屈被殺。

濟南市圖書館和濟南出版社為了保存稀有古籍的原貌，對《歷乘》採用仿真影印的再造方式重印再版（原書板框約高十五釐米，寬十一釐米，此次影印略有放大）。既能將這一善本古籍化身千百，永無失傳之虞，又可廣泛傳播，便於披覽研讀，從而達到「繼絕存真，傳本揚學」的目的，解決了古籍善本藏與用的矛盾。

濟南市圖書館　濟南出版社

二〇一六年三月

圖書在版編目 (CIP) 數據

歷乘 /（明）劉敕撰;（明）貴養性修. -- 濟南 :
濟南出版社, 2016.3
ISBN 978-7-5488-2032-1

Ⅰ. ①歷… Ⅱ. ①劉… ②貴… Ⅲ. ①歷城縣－地方
志－古代 Ⅳ. ①K295.24

中國版本圖書館 CIP 數據核字 (2016) 第 047924 號

歷乘

〔明〕貴養性／修 〔明〕劉敕／撰

責任編輯 戴梅海 李哲 楊蕾
出版發行 濟南出版社
社址 濟南市二環南路一號 二五〇〇〇二
電話 〇五三一／八六一三一七二六
成品尺寸 一八五乘二八〇毫米
印刷 濟南黃氏印務有限公司
版次 二〇一六年三月第一版
印次 二〇一六年三月第一次印刷
書號 ISBN 978-7-5488-2032-1
定價 貳仟貳佰捌拾元（全六册）

ISBN 978-7-5488-2032-1
9 787548 820321 >

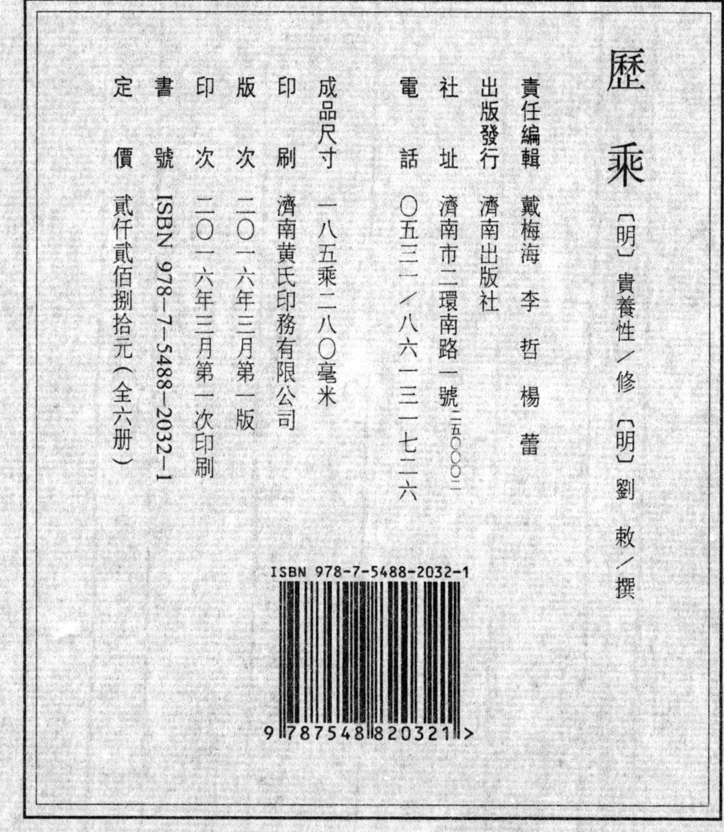